DAS ENDE DER ÖSTERREICHISCH-UNGARISCHEN MONARCHIE

DISKUSSIONSFORUM AN DER ÖAW AM 22. JUNI 2018

ÖAW

INHALT

VORWORT

OLIVER JENS SCHMITT

1918 ist für die Republik Österreich ein wichtiges Gedächtnisjahr. Zum hundertsten Mal jähren sich das Ende der Monarchie und die Gründung der Republik. Zahlreiche Veranstaltungen nähern sich diesen grundlegenden Veränderungen aus unterschiedlichen Perspektiven. Mal steht das heutige Staatsgebiet ganz im Mittelpunkt, mal dient es als Ausgangspunkt für verflechtungsgeschichtliche Betrachtungen.

Die Österreichische Akademie der Wissenschaften wollte in ihrer Gesamtsitzung am 22. Juni 2018 bewusst einen anderen Blickwinkel einnehmen und einmal nicht Wien oder die deutschsprachigen Länder der Monarchie in das Zentrum der Überlegungen stellen. Vielmehr soll die vielsprachige Dimension des Staates ernst genommen und gefragt werden, wie zwei der politisch bedeutsamsten Völker, Polen und Italiener, den Ersten Weltkrieg und das Ende des gemeinsamen Staates erlebt haben.

Polen wie Italienern ist gemein, dass sie, wie andere Völker der Monarchie – besonders Ruthenen/Ukrainer, Rumänen, Serben, aber auch Deutsche – jenseits der Grenze Konationale bzw. einen Staat besaßen, der sich als Mutterland verstand und offen oder versteckt Irredentabestrebungen unterstützte.

Die Akademie hat für eine derartige Perspektivierung aus dem Nordosten und dem Südwesten der Monarchie zwei ihrer Mitglieder im Ausland eingeladen, die beide herausragende einschlägige Forschungsarbeit geleistet haben: Marina Cattaruzza für die italienischen – besonders die küstenländischen – Gebiete, Włodzimierz Borodziej für den polnischen Teil der Monarchie.

Beide zeigen, wie wichtig eine Verflechtung der Perspektiven über die Grenzen der Monarchie hinaus ist, etwa um imperiale Loyalitäten zu verstehen: Im Juli 1914 verhielten sich in Russisch-Polen wie in Galizien die meisten Bewohner (Polen, Ukrainer, Juden) zu ihren jeweiligen Imperien loyal und bildeten nicht etwa eigenständig handelnde nationale Aktionsgemeinschaften.

Beide Reden unterstrichen aber auch in eindrücklicher Weise, was die historische Forschung derzeit herausarbeitet: Der Zerfall der Monarchie kann nicht einfach als notwendiges Ergebnis eines teleologischen Prozesses verstanden werden. So war eine legitimatorisch agierende Geschichtsschreibung in den Nachfolgestaaten lange verfahren. Marina Cattaruzza hebt die treibende Rolle Italiens hervor, das als erste unter den Ententemächten aktiv die Auflösung der Monarchie betrieb und damit eine Dynamik in Gang setzte, der sich die anderen Ententestaaten erst allmählich und zögernd anschlossen. Cattaruzza unterstreicht, wie wichtig dieser äußere Faktor für das Ende der Monarchie war – ohne den Willen der Ententestaaten wären die Exilpolitiker und ihre Komitees nie zu entscheidenden politischen Akteuren aufgewertet worden. Die Monarchie ging nach dieser Deutung also nicht an inneren Nationalitätenkonflikten zugrunde, die vom Ersten Weltkrieg nur verschärft wurden.

Włodzimierz Borodziej spricht mit Blick auf das Verhältnis der Polen zum Gesamtstaat von einer Scheidung und meint damit einen lang dauernden Vorgang, keinen plötzlichen Bruch. Der Krieg, das machen beide Reden deutlich, öffnete neue Aktionsräume. 1914 konnten Völker wie Polen, Ukrainer oder Rumänen nicht davon ausgehen, dass gleich alle mittel- und osteuropäischen Imperien untergehen würden. Sie mussten mit Siegern und Verlierern rechnen – gerade im polnischen Fall bedeutete dies, dass die Aussicht auf einen eigenen Staat eigentlich nicht existierte. Als diese als realistische Möglichkeit auftrat, veränderte dies die Beziehung zu Wien grundlegend. Noch geringer mussten die Hoffnungen der Ukrainer in Österreich-Ungarn und dem Russländischen Imperium auf Eigenstaatlichkeit sein, da dafür die Voraussetzungen noch bescheidener waren als im polnischen Fall. Auch die Rumänen der Monar-

chie und in Rumänien konnten nur mit einem Sieg Russlands rechnen – dies hätte für Rumänien den Gewinn Siebenbürgens bedeutet, aber den dauerhaften Verlust Bessarabiens und den Verzicht auf die Bukowina zugunsten Russlands; oder die Mittelmächte siegten – dies hätte Rumänien das seit 1812 russische Bessarabien eingetragen, nicht aber die von der rumänischen Irredenta angestrebten österreichisch-ungarischen Gebiete. Auch für andere Völker der Monarchie bestanden komplexe Motivlagen, die nach 1918 in der Forschung oft wenig beachtet wurden.

Beide Reden zeichnet aus, dass sie die Offenheit historischer Entwicklungen betonen und damit die Handlungsspielräume und -optionen, aber auch Horizonte und Grenzen des damals politisch Denkbaren zum Gegenstand geschichtswissenschaftlicher Analyse machen. Klassische Erzählmuster wurden dadurch in Frage gestellt. In Frage gestellt wird aber auch die Vorstellung von einem tiefen Bruch im Herbst 1918. Zwar begann mit dem Ende der Imperien eine neue Welt. Doch lebten in dieser die Imperien noch viel länger weiter, als es den neuen Nationalstaaten lieb sein konnte und lieb war.

DAS ENDE DER HABSBURGER MONARCHIE IM ERSTEN WELTKRIEG: DIE ROLLE ITALIENS*

MARINA CATTARUZZA

PRÄMISSE

In der Endphase des Ersten Weltkriegs kam der italienischen Armee eine wichtige Funktion zu, die den Ausgang des Konflikts wesentlich beeinflusste und die selbst heutzutage von der Geschichtsschreibung nur ungenügend berücksichtigt wird. Nach dem Ausscheiden Russlands und Rumäniens aus dem Krieg war nämlich das italienische Heer das einzige, das weiter gegen Österreich kämpfte. 650.000 österreichische Soldaten wurden an der italienisch-

österreichischen Front gebunden und standen als Stärkung der deutschen Westfront während der entscheidenden Frühjahrsoffensive von Erich Ludendorff nicht zur Verfügung. Dies hat möglicherweise den „Wettlauf mit der Zeit", d. h. den Versuch, die französischen und britischen Truppen zu schlagen, bevor die amerikanische Armee voll einsatzfähig war, zugunsten der Entente-Mächte entschieden.

Allerdings geht es in diesem Vortrag nicht in erster Linie um die militärische Rolle der italienischen Armee für den Ausgang des Ersten Weltkriegs, sondern eher um das italienische Eintreten für eine Zerschlagung der Habsburger Monarchie und die Entstehung zweier neuer unabhän-

giger Staaten – der Tschechoslowakei und Jugoslawiens. Diese Ziele ergaben sich aus der schwierigen militärischen Lage, in der sich die Westmächte nach der italienischen Niederlage in Caporetto und dem Ausscheiden Russlands aus dem Krieg befanden. In dieser misslichen Situation wurde der Appell an das „Selbstbestimmungsrecht" der „unterdrückten Nationalitäten" zu einer wirkungsvollen Waffe, welche die Entscheidungen über die Nachkriegsordnung wesentlich mitbestimmte. Italien war im Bündnis der Entente die erste Großmacht, die sich in Person von Ministerpräsident Vittorio Emanuele Orlando **offiziell** für das Recht der Nationalitäten der Habsburger Monarchie auf ein

---

* Stilistisch leicht überarbeitete Transkription eines am 26. Juni 2018 für die Gesamtsitzung der Österreichischen Akademie der Wissenschaften frei gehaltenen Vortrags.

Ausscheiden aus dem gemeinsamen Staatsgebilde aussprach – und zwar zu einem Zeitpunkt, als sowohl Woodrow Wilson wie auch Lloyd George noch mit einem Weiterbestehen des Vielvölkerstaates (selbst im Falle seiner Niederlage) rechneten.

Freilich handelte Italien bei der Verfolgung seiner Ziele nicht als einsamer Demiurg, der im Alleingang über die Zerstörung bzw. Neuschaffung von Staaten zu bestimmen vermag. Es gab seit dem Ausbruch des Ersten Weltkrieges zahlreiche nichtstaatliche Akteure, die aus unterschiedlichen Gründen die Zerstörung des Habsburgischen Staates und die Schaffung von sogenannten „Nationalstaaten" auf seinem Territorium erstrebten. Schon 1915 hatten sich nämlich hauptsächlich in Großbritannien, aber auch in Frankreich und in der Schweiz, Netzwerke und Interessensgruppen gebildet, die dieses Ziel konsequent verfolgten. Besonders prominent waren hierbei das tschechische und das jugoslawische Nationalkomitee. Sie wären allerdings schwerlich mehrheitsfähig geworden, wären sie nicht wenigstens von **einer** der Großmächte, die auf der Seite der Entente kämpften, bedingungslos unterstützt worden.

Die Interaktion zwischen solchen disparaten Netzwerken und der italienischen Politik bei der Zerstörung des Habsburgischen Staates soll nun kurz erörtert werden.

ITALIENS KRIEGSZIELE

Italien war im Mai 1915 auf Seiten der Entente in den Krieg eingetreten, obwohl es ein langjähriger Verbündeter der Zentralmächte gewesen war. Diese Entscheidung wurde von einer heterogenen Allianz von parlamentarischen und außerparlamentarischen Kräften getragen, die zum Teil unterschiedliche Interessen verfolgten. Den Nationalisten und Rechtsliberalen ging es in erster Linie darum, Italien einen unanfechtbaren Großmachtstatus zu garantieren. Dies sollte durch die Erringung einer Hegemonialstellung an der Adria erfolgen. Das Londoner Abkommen, das im April 1915 zwischen Italien und der Entente geschlossen wurde, sollte dies gewährleisten: Darin wurden Italien im Norden die Grenze am Brenner und im Osten das österreichische Küstenland sowie der nördliche Teil Dalmatiens versprochen. Darüber hinaus sollte Italien ein Protektorat über einen Teil Albaniens,

eine Bestätigung des Anspruchs auf den Dodekanes, eine Einflusssphäre in Vorderasien und einen Anteil bei der Verteilung der deutschen Kolonien erhalten. Die demokratischen Befürworter des „Intervento" hingegen, wie der Historiker und Politiker Gaetano Salvemini oder der patriotische Sozialist Leonida Bissolati, betrachteten den Krieg als letzten „Krieg des Risorgimento". Sie sympathisierten mit der Idee einer Zerschlagung des Habsburgerreichs, der Schaffung eines föderalistischen Jugoslawiens und einer Beschränkung der territorialen Ansprüche Italiens ausschließlich auf jene Gebiete, in denen italienische Bevölkerungsmehrheiten lebten. Allerdings befanden sie sich 1915 mit solchen Positionen in der Minderheit. Die Regierung von Ministerpräsident Antonio Salandra und Außenminister Sydney Sonnino setzte auf traditionelle Machtpolitik. Nach ihrer Vorstellung hätte nach dem Krieg ein geschwächtes Österreich weiter existieren sollen. Ähnliche Positionen vertrat damals auch Luigi Albertini, Besitzer und Herausgeber der einflussreichsten italienischen Tageszeitung „Corriere della Sera", überzeugter Interventionist und im Dezember 1914 vom König zum Senator ernannt. Für die Popularität der Kriegsteilnahme spielte der „Corriere della Sera" in Italien eine ähnlich wichtige Rolle wie die „Times" in Großbritannien. Wickham Steed, langjährig verantwortlich für das außenpolitische Ressort bei der „Times", unterhielt sowohl zu Luigi Albertini wie auch zum italienischen Außenminister Sydney Sonnino persönliche Beziehungen.

Im Bündnis der Alliierten hätten sicherlich weder Russland noch Serbien der Habsburger Monarchie nachgeweint. Dennoch gehörte die Zerschlagung dieses Staates nicht zu ihren unmittelbaren Kriegszielen. Die offizielle serbische Politik, vom zaristischen Russland sekundiert, erstrebte die Schaffung eines Großserbiens. Die Kriegsziele des Zarenreichs konzentrierten sich ihrerseits in erster Linie auf die Kontrolle der Meerengen nach dem vorhersehbaren Kollaps des Osmanischen Reichs und auf die Eroberung Konstantinopels.

Zu den Stimmen, die von Anfang an den Weg der Zerstörung des Habsburgischen Staates und die Anwendung nationaler Kriterien bei der Neustaatenbildung in Ostmittel- und Südosteuropa befürworteten, gehörten in Großbritannien an vorderster Front der oben erwähnte Publizist Wickham Steed und der schottische Historiker Robert Seton-Watson. Beide galten auf den britischen Inseln als ausgewiesene Kenner der Habsburger Monarchie. Dies nicht zu Unrecht: Sie hatten mehrere Jahre dort verbracht, einschlägige Werke verfasst und sich für eine stärkere Berücksichtigung der Rechte der nationalen Gruppen engagiert. Hauptsächlich Wickham Steed betrachtete Österreich-Ungarn von jeher als Satelliten Deutschlands in Ostmitteleuropa. Allerdings blieb Steed mit seiner Auffassung in Großbritannien weitgehend isoliert. Dennoch konnte er auf die Unterstützung von Viscount Northcliffe zählen, Besitzer eines Presseimperiums, zu dem, wie schon erwähnt, auch die „Times" zählte. Während der Julikrise 1914 war diese eine der wenigen Tageszeitungen in Großbritannien, die von Anfang an dezidiert auf Kriegskurs steuerte.

DAS JAHR 1917

Für den Ausgang des Ersten Weltkriegs können die Ereignisse des Jahres 1917 kaum hoch genug veranschlagt werden. In Februar brach in Russland die Revolution aus und Zar Nikolaus II. sah sich zur Abdankung gezwungen. Die revolutionären Umwälzungen, deren Ausgang im Frühling noch völlig ungewiss war, schwächten die Stellung Serbiens, das mit der Abdankung des Zaren seinen wichtigsten Beschützer verloren hatte. Militärisch war die Lage Serbiens desperat: Nach dem Eintritt Bulgariens in den Krieg wurde das ganze Land von bulgarischen, deutschen und österreichischen Truppen besetzt gehalten. Nachdem Serbien nicht mehr auf die Unterstützung Russlands zählen konnte, sah sich der serbische Ministerpräsident Pašić gezwungen, dem jugoslawischen Komitee entgegenzukommen und signalisierte daher Serbiens Bereitschaft, sich aktiv an der Schaffung eines jugoslawischen Staates zu beteiligen. So kam es im Juli 1917 zum Pakt von Korfu, der von Nikola Pašić für die serbische Regierung und von Ante Trumbić für das jugoslawische Komitee unterzeichnet wurde. Darin stimmten beide Kontrahenten zu, dass am Ende des Krieges die von Südslawen bewohnten Länder der Habsburger Monarchie zusammen mit Serbien einen jugoslawischen Staat bilden sollten. Als Staatsform war eine Verfassungsmonarchie unter der Dynastie der Karadjordjević vorgesehen.

Obwohl sich Serbien im Hinblick auf die Rechte von Kroaten und Slowenen im neuen Staat also weiterhin sehr zurückhaltend verhielt (was für die Zukunft nichts Gutes erahnen ließ), war die Erklärung von Korfu ein Meilenstein auf dem Weg zur Zerschlagung der Habsburger Monarchie, denn nun hatte sich Serbien dazu verpflichtet, auf die Trennung der südslawischen Provinzen von Österreich und Ungarn hinzuarbeiten.

Die Erklärung machte großen Eindruck auf Luigi Albertini, der zum Schluss kam, dass nun die Bildung eines jugoslawischen Staates unabwendbar sei und Italien seine Kriegsziele neu definieren müsse. Von diesem Zeitpunkt an vertrat der „Corriere della Sera" kompromisslos den Standpunkt, dass die Habsburger Monarchie zu verschwinden habe und Italien die Gründung eines jugoslawischen Staates unterstützen solle.

Im November desselben Jahres 1917 schwächten **zwei** Ereignisse die militärische Kraft der Entente erheblich, wenn auch nur vorübergehend: In Russland war die radikalste Fraktion der Sozialdemokratie unter der Führung von Wladimir Uljanov Lenin an die Macht gelangt. Die Bolschewiken setzten unverzüglich die zwei wichtigsten Punkte ihres Programms um: die Verteilung des Grundbesitzes unter den Bauern und die sofortige Anknüpfung von Friedensverhandlungen mit den Zentralmächten. Der Waffenstillstand wurde am 15. Dezember vereinbart. Das revolutionäre Russland trat die Verhandlungen mit Deutschland und seinen Verbündeten aus einer denkbar schwachen Position an. Es war schon **vor** dem Friedensvertrag von Brest-Litowsk (März 1918) vorauszusehen, dass sich eine Hegemonialstellung Deutschlands in Osteuropa abzeichnete.

Im November 1917 erlitt auch Italien eine militärische Katastrophe: In den Julischen Alpen nahe der kleinen Ortschaft Caporetto (heute Kobarid) gelang österreichischen und deutschen Truppen der Durchbruch durch die italienischen Linien. Die neue italienische Front verlief nun 200 Kilometer hinter der ursprünglichen Linie und Italien sah sich gezwungen, Großbritannien und Frankreich um die Entsendung von Verstärkungstruppen zu bitten. Das Desaster von Caporetto führte dazu, dass im italienischen Parlament erneut Stimmen laut wurden, die für einen Separatfrieden mit Österreich plädierten. Die Katholiken wurden darin durch einen Appell von Papst Benedikt XV. bestärkt, der sich am 1. August 1917 an die Regierungsverantwortlichen der kämpfenden Staaten gewandt und dazu aufgerufen hatte, „das nutzlose Massaker" doch zu beenden.

Ein Friede auf Grundlage des Status quo, bzw. auf Grundlage von minimalen Grenzkorrekturen, zeichnete sich ab. Einen Separatfrieden mit Österreich, dem schwächsten Glied des feindlichen Bündnisses, hielt der britische Kriegsrat damals für die vernünftigste Option. Nie schien die Zeit dafür günstiger zu sein als im Spätherbst 1917. Lloyd George und der britische Außenminister Balfour ergriffen die Initiative, mit Wien einen Gedankenaustausch über einen möglichen Frieden zu initiieren. Infolgedessen wurden Gespräche in Genf zwischen dem ehemaligen österreichischen Botschafter in London, Alexander Count von Mensdorff, und dem südafrikanischen General Jan Smuts, einem einflussreichen Mitglied des britischen Kriegsrats, geführt. Allerdings informierte der österreichische Außenminister, Ottokar Czernin, Berlin über die britische Initiative. Letztlich verliefen die Gespräche in Genf im Sande. Österreich ließ den günstigen Moment in der

Illusion verstreichen, dass die Zeit zu seinen Gunsten spielte. Im Frühling 1918 hatte sich das Blatt aber wieder gewendet. Die USA waren nun an der Westfront einsatzfähig. Damit verschob sich das militärische Kräftegleichgewicht ganz eindeutig zugunsten der Entente und ihrer Verbündeten, was durch das partielle Scheitern der deutschen Frühjahroffensive offensichtlich wurde.

DER KONGRESS DER „UNTERDRÜCKTEN NATIONALITÄTEN" IN ROM

Die prekäre Lage an der italienischen Front sowie das Ausscheiden Russlands aus dem Krieg schienen die Träume der tschechischen und jugoslawischen Komitees und die Pläne des britischen Think-Tank zunichte zu machen. Allerdings waren weder Wickham Steed noch Luigi Albertini bereit, die Zertrümmerung ihrer Träume tatenlos hinzunehmen. Die Wohnung Steeds in London wurde zum Treffpunkt für Vertreter des jugoslawischen Komitees und einer Gruppe von italienischen Journalisten, Politikern und Abgeordneten, die sich dem Ziel verschrieben, zu einer Übereinkunft zwischen

Italienern und Jugoslawen (*recte* Kroaten) bei der Verteilung der österreichischen Gebiete an der Adria zu gelangen. In diesem Kreis lancierte der Journalist des „Corriere della Sera", Antonio Borgese, die Idee, in Rom einen Kongress der „unterdrückten Nationalitäten" einzuberufen. In dessen Vorfeld wurden zwei wichtige Übereinkünfte erzielt: a.) Ante Trumbić, der Vorsitzende des südslawischen Komitees, und der italienische Abgeordnete Andrea Torre einigten sich auf einen Verzicht Italiens auf Dalmatien im Gegenzug für eine Anerkennung der italienischen Ansprüche auf Triest und die nördliche Adriaküste durch die jugoslawische Seite; b.) in die britisch-italienisch-jugoslawischen Pläne wurde auch der neue italienische Ministerpräsident Vittorio Emanuele Orlando einbezogen. Nun hatte die Entente neben Serbien also einen zweiten Verbündeten für die Zerstörung der Habsburger Monarchie gewonnen, und zwar die Quasi-Großmacht Italien.

Der Kongress der „unterdrückten Nationalitäten" wurde am 8. April 1918 in Rom eröffnet. Daran nahmen Vertreter der Kroaten, Tschechen, Slowaken, Polen, Rumänen und Serben teil. Sämtliche Entente-Mächte

sowie der amerikanische Botschafter in Rom entsandten Vertreter. Der Kongress versetzte der Habsburger Monarchie den Todesstoß. Am Ende wurde eine Erklärung angenommen, in der allen Völkern, die ganz oder zum Teil der Habsburger Monarchie untergeordnet waren, das Recht der vollen politischen und wirtschaftlichen Unabhängigkeit zuerkannt wurde.

Zwei weitere Entwicklungen überzeugten nun auch den britischen Premierminister Lloyd George und den amerikanischen Präsidenten Woodrow Wilson, die Selbstständigkeitsbestrebungen der nationalen Gruppen auf Kosten des Habsburger Staates zu unterstützen: Auf der einen Seite wurde die deutsche Westoffensive Anfang April von französischen und britischen Truppen aufgehalten, und auf der anderen Seite, beinahe gleichzeitig, flog die sogenannte „Sixtus-Affäre" auf: durch unvorsichtige Äußerungen des österreichischen Außenministers Czernin wurden nämlich geheime Friedensinitiativen Kaiser Karls gegenüber Frankreich aus dem vergangenen Jahr in der internationalen Öffentlichkeit bekannt .

Die Monate bis Anfang November 1918 stellten dann nur noch einen

Epilog dar. Für den Untergang des Habsburgischen Staates spielte die Anerkennung der „tschechoslowakischen Legion" als nationale Armee der Tschechoslowakei eine wesentliche Rolle. Diese setzte sich aus tschechischen und (wenigen) slowakischen Kriegsgefangenen zusammen. Sie wurde dem Befehl des tschechoslowakischen Nationalrats unterstellt, der aus dem vormaligen tschechischen Komitee hervorgegangen war. Damit waren *in nuce* bereits die Grundstrukturen des neuen Staates herausgebildet. Die Legion wurde als Nationalarmee von Frankreich am 29. Juni, von Großbritannien am 9. August und schließlich von den USA am 3. September anerkannt. Am 26. September anerkannte der italienische Außenminister Sydney Sonnino die tschechoslowakische Regierung als legitime Vertreterin einer selbständigen Tschechoslowakei. Am 18. Oktober übermittelte der amerikanische Staatssekretär Lansing dem österreichischen Kaiser die Antwort seiner Regierung auf die Forderung, Friedensverhandlungen einzuleiten: die 14 Punkte Wilsons vom 18. Januar hatten keine Gültigkeit mehr, da die amerikanische Regierung inzwischen die Tschechoslowakei und Jugoslawien als souveräne Staaten anerkannte.

SCHLUSSFOLGERUNGEN

Erst in den letzten Jahren hat die Geschichtsschreibung an der festen Überzeugung zu rütteln begonnen, dass die Habsburger Monarchie aufgrund der ungelösten Nationalitätenfrage dem Untergang geweiht gewesen sei. In einem solchen „Frame" kam dem Ersten Weltkrieg bloß die Funktion zu, einen bereits vorgezeichneten Verlauf beschleunigt zu haben. Um eine neue Perspektive auf diesen Themenkomplex zu eröffnen, argumentiere ich nicht teleologisch, sondern situativ. Der Ausbruch des Krieges erweiterte den Horizont dessen, was im Vergleich zur Friedenszeit „machbar" schien, ungemein. Auch die Spielräume für die Handelnden bzw. für die historischen „Akteure" wurden breiter: Angesichts der kriegsbedingten internationalen Polarisierung konnten selbsternannte Komitees sich als legitime Vertreter des Willens der eigenen unterdrückten Nation inszenieren. Das Programm der nationalen Komitees wurde bei ihrer Gründung nur vom britischen Think-Tank um Wickham

Steed und Robert Seton Watson unterstützt. Im Nachhinein schlossen sich Serbien, Italien, Frankreich, Großbritannien und die USA der Perspektive nationaler Selbstbestimmung für die „unterdrückten Nationalitäten" der Habsburger Monarchie an. Die Rolle Luigi Albertinis, der Journalisten des „Corriere della Sera" und des italienischen Ministerpräsidenten Vittorio Emanuele Orlando kann dabei kaum hoch genug eingeschätzt werden. Die Ausrichtung des Kongresses „der unterdrückten Nationalitäten" in Rom bildete einen Höhepunkt im Prozess der Neugestaltung des mittelosteuropäischen Raums nach neudefinierten nationalen Kriterien. Eine solche These will keineswegs den Krisenzustand der Donaumonarchie und den Entsolidarisierungsprozess unter ihrer Zivilbevölkerung bestreiten – Entwicklungen, die hauptsächlich von Maureen Healy eindrucksvoll geschildert wurden. Die als ungerecht empfundene (und auch real ungerechte) Verteilung der Knappheit verfeindete Österreicher und Ungarn, Bürgerliche und Bauern, Stadt- und Landbewohner zunehmend, was zu einer Auflösung sozialer Bindungen und zu einer chaotischen Fragmentierung der Gesellschaft in ihre sozialen und ethnischen Komponenten führte. Diese Umstände waren aber an sich kein ausreichender Grund dafür, dass die Habsburgermonarchie nach der Kriegsniederlage als Staat kollabieren sollte und aus ihren Trümmern die Tschechoslowakei und Jugoslawien – beide mit einem erheblichen Anteil an ungarischem Gebiet und mit einer multinationalen Zusammensetzung ihrer Bevölkerung – entstehen sollten.

Kontrafaktisch argumentiert, hätte die Krise Österreich-Ungarns auch in eine Revolution und in eine radikale institutionelle Veränderung der Staatsform (ähnlich wie in Deutschland) münden können. Der Habsburgische Staat brach aber vielmehr deswegen auseinander, weil die Alternative zu seinem Weiterbestehen schon als gangbare Präfiguration bereitstand. Um nur an die wichtigsten Vorentscheidungen zu erinnern: 1.) Serbien hatte sich im Juli 1917 mit der Deklaration von Korfu auf die Integration der südslawischen Gebiete der Habsburger Monarchie in den eigenen Staat festgelegt. 2.) Die tschechoslowakische Legion wurde allmählich als selbstständige, mitkämpfende Armee auf der Seite der Entente anerkannt. 3.) Auf dem in Rom im April 1918 eindrucksvoll

inszenierten Kongress der „unterdrückten Nationalitäten" hatten die Vertreter der Entente sowie der USA feierlich versprochen, die Selbstständigkeitsbestrebungen aller ethnischen Gruppierungen des Habsburger Staates zu unterstützen und entsprechende Beschlüsse gefasst. 4.) Und schließlich hatten sich die Siegermächte am Ende des Krieges in ihrer Gesamtheit dazu verpflichtet, die Gründung der Tschechoslowakei und Jugoslawiens zu unterstützen. Aus diesen Ecksteinen wurden die Staatsgebilde gebaut, welche schließlich die Habsburger Monarchie ersetzen sollten und die sich ebenfalls in den 90er Jahren des 20. Jahrhunderts in ihre ethnischen Komponenten aufgelöst haben.

AUSWAHLBIBLIOGRAPHIE

Luigi Albertini, Venti anni di vita politica. Zweiter Teil: L'Italia nella guerra mondiale, 3 Bde., Bd. 3: Da Caporetto a Vittorio Veneto (ottobre 1917–novembre 1918), Bologna 1953.

Kenneth J. Calder, Britain and the Origins of the New Europe 1914–1918, Cambridge 1976.

Marina Cattaruzza, Italy and Its Eastern Border, London / New York 2016.

Marina Cattaruzza, L'Italia e la questione adriatica. Dibattiti parlamentari e panorama internazionale (1918–1926), Bologna 2014.

Gary B. Cohen, Our Laws, Our Taxes, and Our Administration. Citizenship in Imperial Austria. In: Omer Bartov / Eric D. Weitz (Hrsg.), Shatterzone of Empires. Coexistence and Violence in the German, Habsburg, Russian and Ottoman Borderlands, Bloomington / Indianapolis 2013, 103–121.

Maureen Healy, Vienna and the Fall of the Habsburg Empire: Total War and Everyday Life in World War I., Cambridge 2004.

Pieter M. Judson, „Where our commonality is necessary …" – Rethinking the End of the Habsburg Monarchy (Thirty-Second Annual Robert A. Kann Memorial Lecture). In: Austrian History Yearbook (48) 2017, 1–21.

Manfred Rauchensteiner, Der Erste Weltkrieg und das Ende der Habsburger-monarchie, Wien / Köln / Weimar 2013.

Henry Wickham Steed, Through Thirty Years. 1892–1922. A Personal Narrative, New York 1925.

Leo Valiani, La dissoluzione dell'Austria Ungheria, Milano 1966.

MARINA CATTARUZZA

Derzeitige Position

– em. o. Professorin für Allgemeine Neueste Geschichte an der Universität Bern

Arbeitsschwerpunkte

– Nationalismusforschung im europäischen Vergleich
– Geschichte der Zwangsmigrationen im 20. Jahrhundert
– Geschichte des Faschismus und des Nationalsozialismus, Totalitarismusforschung und politische Religionen
– Geschichte des Holocausts
– Geschichte Italiens im 19., 20. und 21. Jahrhundert
– Fragen zur Geschichtsschreibung und Geschichtstheorie des 20. Jahrhunderts
– Neueste Veröffentlichung: Italy and Its Eastern Border, London/New York 2016 (paperback Ausgabe 2018)

Ausbildung

1986   Habilitation in Neuerer und Neuester Geschichte an der Polytechnischen Hochschule Darmstadt
1974   Promotion an der Philosophischen Fakultät der Universität Triest

Werdegang

Seit 2012   Korrespondierendes Mitglied der philosophisch-historischen Klasse der ÖAW
2006–2011   Mitglied im wissenschaftlichen Beirat des Zentrums Historische Neuzeitforschung der ÖAW
1999–2014   Ordinariat für Neueste Geschichte an der Universität Bern
1991–1998   Dozentin für Deutsche Geschichte und Geschichte der Geschichtsschreibung am Historischen Institut der Universität Triest
1984–1991   Forschungsstelle mit fester Anstellung an der Universität Triest
1982–1984   Assistentin in Neuester Geschichte an der Polytechnischen Hochschule Darmstadt

Weitere Informationen zur Autorin sowie zur Liste der Veröffentlichungen finden Sie unter:
http://www.hist.unibe.ch/ueber_uns/personen/cattaruzza_marina/index_ger.html

DIE POLNISCHE SCHEIDUNG VON UND MIT DER MONARCHIE 1918*

WŁODZIMIERZ BORODZIEJ

Als ich das erste Mal in diesem Saal war – natürlich als Zuhörer – hätte ich mir nie gedacht, dass ich irgendwann, 2018, auch hier zu dieser illustren Gesellschaft in diesem ziemlich einmaligen Gebäude sprechen darf. Zweitens, ich habe Herrn Suppan schon begrüßt, Herrn Schmitt, aber Herrn Gerald Stourzh, den ich wohl meinen väterlichen Freund nennen darf, werde ich doch bei dieser Gelegenheit ganz besonders herzlich begrüßen. Dritte Vorbemerkung: Im Titel meines Vortrags ist ja von Scheidung die Rede, und wir alle in diesem

Saal wissen, es gibt keine perfekten Ehen, lediglich gute und schlechte. Die polnisch-habsburgische war seit 1867 eine gute, und deswegen konnte sie auch nicht an einem Grund scheitern, sondern es musste sich um einen Prozess handeln. Und die vierte Vorbemerkung: Ich habe versucht, diese Stadien und Ursachen in zwölf Thesen zu fassen, die ich hoffe, in zwanzig Minuten unterbringen zu können. Herr Schmitt, sagen Sie mir bitte, wenn die neunzehnte Minute angebrochen ist.

These 1: Der Juli 1914 und die sogenannte Kriegsbegeisterung – daran haben wir alle lange geglaubt. Die Untersuchungen der letzten 20, 30 Jahre zeigen, dass es sich erstens um ein großstädtisches Phänomen

handelt, das in Universitätsstädten sehr viel verbreiteter ist als in Arbeitervierteln, und auf dem Land tut sich da nicht viel. Genauso ist es im habsburgischen Teil Polens. Natürlich werden Messen zelebriert. Die Unterstützung für den Kaiser und das Kaiserreich wird öffentlich demonstriert. Aber diese polnische Variante der Kriegsbegeisterung trägt seltsame Züge, die man am besten am Beispiel von Lemberg, der Hauptstadt des österreichischen Teilungsgebiets Galizien, zeigen kann.

Erstens: Die Nationalitäten sind für den Krieg begeistert und extrem loyal – jede für sich. Die Polen in ihrer Kathedrale, die Ukrainer in ihrer Sankt-Georgs-Kathedrale, die Armenier, die Juden, alle demonstrieren

*   Stilistisch leicht überarbeitete Transkription eines am 26. Juni 2018 für die Gesamtsitzung der Österreichischen Akademie der Wissenschaften frei gehaltenen Vortrags.

ihre Loyalität gegenüber der Habsburger Monarchie – getrennt.

Zweitens: Das Besondere am polnischen Fall. In Warschau passiert genau dasselbe. Die polnischen Katholiken zeigen sich extrem loyal gegenüber dem Zaren. Die Warschauer Juden genauso. Von den Russen, von denen es gar nicht so viele in Warschau gibt, ganz zu schweigen. Also, eine doppelte Separation der Loyalität und Kriegsbegeisterung. Ein weiteres Element dieser angeblichen Kriegsbegeisterung ist, dass im polnischen Fall auf keinen Fall ein Nationalstaat angestrebt wird. Niemand kann sich vorstellen, dass es einen Krieg geben wird, in dem alle drei Teilungsmächte auf einmal verlieren. Das gibt es in der Kriegsgeschichte nicht. Normalerweise hat am Ende der eine gewonnen, der andere verloren. Hier verlieren am Ende alle drei.

These 2: Die Entfremdung von der Monarchie beginnt mit den Niederlagen der Armee der Habsburger – hauptsächlich in Galizien im Herbst 1914. Die stürzen ja förmlich von einer Niederlage in die andere. Sie verlieren ganz Ostgalizien. Im Dezember stehen die Russen 12 Kilometer vom Krakauer Marktplatz entfernt. Sie schaffen es dann nicht mehr, Krakau einzunehmen.

Darauf folgt eine furchtbar blutige Schlachtenreihe in den Karpaten, die den ganzen Winter dauert und die in der heutigen Erinnerung völlig verdrängt wird. Alleine in der k. u. k. Armee sind das 800.000 Menschen, die ausfallen, und die wenigsten davon fallen im Kampf. Die meisten erfrieren, sie sterben an Krankheiten usw. – ein Blutbad sondergleichen. Das zeigt allen, die es wissen wollen: Die Armee dieses Großstaates ist nicht wirklich kriegstauglich.

Drittens kommt die Wende an der Ostfront im Mai 1915 mit der Schlacht von Gorlice, an die man schon eher ab und zu zurückdenkt. Da wiederum zeigt sich: Entscheidend ist der deutsche Anteil. Diese Armee wird von August von Mackensen, einem preußischen General, in den Kampf geführt – extrem effektiv. Das ist die erfolgreichste Schlacht der Mittelmächte im Osten. Sie verschiebt die Ostfront um Hunderte von Kilometern. Es waren nicht die Österreicher, obwohl sie den Großteil der Streitkräfte gestellt haben, sondern es war der preußische Anteil an dieser Offensive, der sie zu einem solchen Erfolg gemacht hat.

Viertens: Was passiert nachher? Ostgalizien wird vom russischen Okkupanten befreit. Maciej Górny und ich

haben zwei Bücher über den Ersten Weltkrieg und seine Folgen geschrieben, bereiten jetzt noch ein drittes vor. Was sich ab Sommer 1915 abspielt – nach der Schlacht bei Gorlice und der Rückgewinnung von Lemberg – beschreiben wir ironisch mit dem Stichwort „Die Rückkehr des Vaters". Das ist ein polnisches Idiom: Der Vater kehrt aus irgendwelchen prekären Verhältnissen zurück und die Familie ist wieder komplett. Nichts dergleichen. Die k. u. k. Soldaten, und am meisten fürchtet man sich vor den Honvéds („Die schlimmsten Bestien sind die Honweden" heißt es in einem zeitgenössischen Bericht; im Zweiten Weltkrieg werden sie ein völlig anderes Image haben, ebenso wie die Österreicher), aber auch die Regimente aus den Alpen und Donauländern verhalten sich keineswegs besser als die russischen Besatzer. Sie hängen jeden auf, der irgendwie verdächtig erscheint. Als dann der Wiener Reichsrat im Frühjahr 1917 wieder einberufen wird, entsteht eine seltsame Koalition von Abgeordneten aus Galizien – Polen und Ukrainer, die normalerweise getrennte Wege gehen – und südslawischen und jüdischen Abgeordneten. Sie klagen die k. u. k. Armee der schlimmsten Verbrechen an. Es ist die Rede von dreißigtausend toten Zivilisten in Folge der Rückkehr der k. u. k. Armee in ihr eigenes Staatsgebiet. Das scheint nun reichlich übertrieben. Ein österreichischer Kollege, Hannes Leidinger, hat das sorgfältig untersucht, und meint, sicher seien 622 Fälle von Exekution, bei denen die strafrechtliche Grundlage mehr als fraglich scheint. Aber was sich einprägt ist ja nicht, ob es 30.000 oder 60.000 waren, sondern das Bild, dass die eigene Armee, die zurückkehrt, keineswegs besser ist als der russische Okkupant, der sich in Ostgalizien relativ zivilisiert benommen hat. Fünftens kommt die Dauer des Krieges hinzu. Es ist etwas anderes, wenn die Polen in k. u. k. Uniform Ostgalizien befreien. Ist ja ihre Heimat. Aber wenn sie dann zwei Jahre lang am Isonzo bluten – what for? Und diese Frage stellt man sich in Polen immer öfter.

These 6: Ich erspare Ihnen all die wechselnden politischen Konstellationen, vertraulichen Gespräche, die gesamte Geheimdiplomatie wie die programmatischen Erklärungen, die spätestens 1918 zu Makulatur werden. Die polnischen Politiker hier in Wien schließen sich zu einem überparteilichen Komitee zusammen, von den Sozialisten bis zu den Konservativen; alles bedeutungslos, da sie von der politischen Entwicklung – Streiks, Frustration, Hunger, Angst vor einer bolschewistischen Revolution an der Weichsel – gewissermaßen überrollt werden. Wichtig ist eigentlich ein Mann, der zu Beginn durchaus auf die Karte der Mittelmächte setzt: der ehemalige Sozialist und politische Terrorist Józef Piłsudski. Über die entscheidenden Tage im November 1918 wird er das führende Wort halten.

Den Deutschen schwebt anstelle des ehemals sogenannten Russisch-Polens ein deutscher Vasallenstaat vor, mit einem Hohenzollern als polnischem König oder etwas in der Art. Der deutsche Exportschlager des 19. Jahrhunderts ist ja die Aristokratie, vom Norden bis zum Süden Europas. Und Piłsudski, der zwischen Sommer 1914 und Sommer 1917 zu einer legendären Gestalt geworden ist, sagt sich dann: Ich bin faktischer Befehlshaber der polnischen Legionen, also der Freiwilligeneinheiten. Das entspricht insgesamt gerechnet der Stärke von drei Divisionen, die nie alle gleichzeitig an der Front sind: Tausende fallen oder geraten in Gefangenschaft, viele sind in der Ausbildung, krank oder verwundet, aber 40.000 bis 50.000 Männer kämpfen eben als Freiwillige für ein unabhängiges Polen, nicht als wehrpflichtige Untertanen dieses oder jenes Kaisers. Diese zahlenmäßig kleine Streitmacht soll für einen deutschen Vasallenstaat an der Weichsel kämpfen und fallen? Nein! Piłsudski provoziert eine Krise, lässt sich von den Deutschen internieren und verbringt die Zeit zwischen Juli 1917 und November 1918 in einem Holzhaus innerhalb der Festung in Magdeburg – als „Internierter", denn sein Status bleibt ungeklärt. Er wird nie angeklagt. Dafür ist Berlin zu klug. Mit der Magdeburger Haft wird Piłsudski – bisher ein Held vor allem der Linken – zu einem Märtyrer. Nicht nur hat er die polnischen Freiwilligen geführt, jetzt wird er auch von den Mittelmächten dafür „bestraft". Zu diesem Kontext gehört auch, dass Wien und Berlin sich nicht über die Zukunft Polens einigen können. Gehen wir einmal von der Annahme aus, der Krieg endet mit deren Sieg; nach den Friedensschlüssen von Brest-Litovsk (auf die ich noch in einem anderen Kontext zurückkommen werde) ist das keine abstrakte Vorstellung. Was dann? Die polnisch-österreichische Variante eines Sieges im Osten ist ja die Idee des sogenannten Trialismus,

d. h. das ehemalige Russisch-Polen plus Galizien als dritter Bestandteil der Monarchie. Daraufhin sagen die Ungarn: Nicht mit uns! Und Berlin hält von dieser Idee ebenso wenig. Die endlosen diplomatischen Gespräche über die sogenannte polnische Frage erspare ich Ihnen ebenfalls, jedenfalls gehört diese Uneinigkeit der beiden Mittelmächte auch zu den Ursachen der Scheidung. Und dann ein gewisser Roman Dmowski, der Begründer der modernen polnischen Rechten. Er ist alles andere als ein Konservativer. Dmowski definiert das Wesen des modernen Polentums (dieser Begriff wäre ihm wesentlich lieber gewesen als die heute häufig verwendete „Polonität") gewissermaßen darwinistisch, vor allem über Antisemitismus und Antigermanismus. Er verfolgt von Anfang an ein definitiv anderes Konzept als Piłsudski. Nämlich, dass die Entente gewinnen wird. Seit 1915 ist er in Washington, in London, in Paris pausenlos unterwegs und überredet nach und nach die Politiker in den Hauptstädten, dass sie sich der polnischen Sache ähnlich annehmen wie der jugoslawischen und später der tschechoslowakischen.

Der siebente Punkt ist die offenbare Schwächung der Monarchie. Ich will gerade in diesem Saal keine Eulen nach Athen tragen. Aber möglicherweise ist nicht allen geläufig, welches Bild die Habsburger Monarchie während des Großen Krieges bietet. Es gibt im Frühjahr 1917 Massenstreiks in der böhmischen Industrie. Die „Rädelsführer" werden drakonisch bestraft, aber bereits im Juli amnestiert, weil man in Wien merkt: Ohne die Arbeiterschaft kann man den Krieg nicht führen. Man muss sich auch mit offensichtlich widerspenstigen Arbeitnehmern irgendwie einigen. Nun, wenn ein Staat zuerst drakonisch vorgeht und dann nachgibt, ist das ein Zeichen seiner Schwäche. Hinzu kommt ein Problem, das aus dem österreichischen und polnischen (am wenigsten aus dem jüdischen) Gedächtnis ausgeblendet ist: Die Frage der Flüchtlinge, die 1914 aus Angst vor den Russen aus Ostgalizien fliehen. Nach offiziellen Statistiken sind es knapp 400.000, aber wahrscheinlich waren es etwa eine halbe Million Menschen, die hauptsächlich in Cisleithanien, unter anderem in Wien, untergebracht wurden. Die Mittel werden mit jedem Monat knapper. So wachsen naturgemäß die ohnehin enormen Spannungen zwischen den Flüchtlingen, die ihren Gastgebern vorrechnen, wie viel sie von der Zentralregierung in Wien bekommen und was sie daraus tatsächlich für die Flüchtlinge ausgeben, und den Wienern, aber auch den Bewohnern Prags und anderer Orte, die sagen: Wir brauchen keine Flüchtlinge; was sollen diese Ostjuden bei uns? Der Staat verwaltet das ja bekanntermaßen, in diesem Fall, national. Das heißt, er schiebt die Kompetenz auf die Selbstverwaltung ab. Die Selbstverwaltung ist mehr oder minder ethnisch strukturiert, d. h. die Polen helfen den Polen, die Juden den Juden usw. Es zeigt sich also eine Fragmentierung des Staates, bei der für alle ziemlich offensichtlich wird, dass man auf die Zentralgewalt nicht mehr vertrauen kann.

Punkt 8: Die Krise von Anfang 1918. Auch an dieser Stelle will ich keine Eulen nach Athen tragen. Wir haben es mit einem Zusammenbruch der gesamten k. u. k. Industrie zu tun: Die erste große Streikwelle in Ungarn; in den böhmischen Ländern, in Wien – überall dasselbe Bild von Massenstreiks, regelrechten Hungerrevolten. Man sieht, dieser Staat ist am Ende. Er kann das Elend nicht mehr verwalten.

Es gibt ein wunderbares Buch des jungen tschechischen Historikers Rudolf Kučera darüber, wie sich das in Böhmen und Mähren abspielt. In Polen haben wir dem wenig Vergleichbares entgegenzusetzen. Galizien war auch nicht ansatzweise so industrialisiert wie Böhmen und Mähren. Aber in zwei Punkten sind die Fälle gut vergleichbar. Das ist erstens der Anteil der Frauen. Da die Männer an der Front sind, werden die Frauen plötzlich und massenhaft berufstätig. Das gilt sowohl für Böhmen und Mähren wie auch für Galizien. Und zweitens selbstverständlich der Einfluss der Russischen Revolutionen. Im ersten Halbjahr 1918 fangen die Kriegsgefangenen an, zurückzukommen, einige als extreme Gegner des Bolschewismus; andere überzeugt, das sei eigentlich der einzige Ausweg, um dem Massensterben ein Ende zu bereiten. Stimmungen, die keineswegs zur Beruhigung der Lage innerhalb der hier skizzierten Ehebeziehung beitragen. Dann gibt es den vergessenen Brotfrieden von Brest. Die meisten denken bei diesem Begriff an den Vertrag, den die Mittelmächte mit dem Sowjet-Bolschewistischen Russland geschlossen haben. Aber einen Monat früher schließen sie ja einen Frieden mit einer fiktiven ukrainischen Volksrepublik, die es gar nicht gibt. Vor dem Hintergrund

des Massenstreiks im Januar 1918 hat der österreichische Außenminister Ottokar Graf von Czernin die Angstvorstellung vor den Augen, dass sein Land, wenn es kein Brot bekommt, nicht mehr Krieg führen kann. Den Deutschen ist es ziemlich egal, was er in Einzelfragen beschließt; auch sie wollen Brot. Czernin verspricht den Ukrainern alles Mögliche, darunter einige Landkreise im damaligen Zentralpolen, welche sie schon immer beansprucht haben. Geographisch gesehen ist es eher lächerlich – es gibt nicht einmal Ansätze einer ukrainischen Verwaltung dieses Landesteils – politisch der Kollaps der habsburgisch-polnischen Idee. Anders formuliert, handelt es sich um den Zeitpunkt, zu dem die Scheidungspapiere eingereicht werden. Die Abtretung des sogenannten Cholmer Landes an eine nicht vorhandene Ukraine zeitigt tödliche Folgen. Die polnischen Honoratioren schicken massenhaft ihre Orden nach Wien zurück oder lassen ihre Hunde diese als neues Halsband tragen. Die polnischen Beamten treten in Streik. Die Arbeiterschaft ohnehin. Sie verweigern der Monarchie den Gehorsam. Der Grundtenor: Wenn ihr mit uns nach dem Prinzip des Länderschachers im 18. Jahrhundert umgeht, so-

dass man z. B. eine polnische Provinz an die Ukraine abtreten kann (oder auch nicht), dann ist mit euch nichts mehr zu machen. Der führende polnische Sozialist am Wiener Ring, Ignacy Daszyński (der Schöne Ignaz, wie er in seiner Heimat ironisch apostrophiert wird), prägt damals den Satz, am 9. Februar 1918 sei der Stern der Habsburger am polnischen Himmel erloschen. Damit ist die Scheidung eingeleitet, und keine Relativierung der Vertragsbestimmungen von Brest-Litovsk von Seiten des Wiener Ballhausplatzes kann helfen. Das Wichtigste ist, dass sich in diesem Augenblick der soziale Protest, den ich soeben angesprochen habe, mit dem nationalen zu verbinden beginnt. Die folgenden Streiks sind ganz unterschiedlicher Natur – auf die Details kann ich innerhalb dieser 20 Minuten nicht eingehen, aber es ist der Protest keineswegs nur der Arbeiterschaft – verbunden mit der Forderung nach einem unabhängigen Polen, von Monat zu Monat mehr. Wir haben es mit einer Scheidung zu tun, die noch nicht rechtskräftig ist, de facto aber bereits im Februar 1918 vollzogen wurde. Nun zu den letzten drei Punkten, d. h. dem Epilog. Anfang November 1918 brechen in Lemberg Kämpfe zwischen polnischen und ukrainischen Freiwilligen aus. Ich erspare Ihnen die Geschichte, wie es dazu gekommen ist. Am Ende siegen die Polen. Das Interessante ist die Rezeption dieser Kämpfe in Lemberg in der polnischen Öffentlichkeit. Die Österreicher und die Deutschen werden angeklagt, die Entstehung eines unabhängigen Polens verhindern zu wollen. Der von Timothy Snyder porträtierte Wilhelm von Habsburg, der ukrainischer König werden wollte oder sollte, ist emblematisch für diesen Verdacht: Eine deutschsprachige Verschwörung im Dienste der Ukrainer, um die Entstehung eines polnischen Staates zu behindern bzw. zu verhindern.

Als nächstes Element des Epilogs kommt ein völkerrechtlich zivilisierter Vollzug der Scheidung. Die bilateralen Verhandlungen zwischen der Republik Polen und Deutsch-Österreich, später Österreich, verlaufen eigentlich ziemlich reibungslos. Es gibt eine ganze Reihe von finanziellen Verpflichtungen, wie viel Polen davon übernehmen soll, wie viele Archivalien aus Wien nach Lemberg gehören, die Frage der Renten und Ähnliches. Aber insgesamt sind sich Wien und Warschau inzwischen völlig fremd geworden, sie interessieren sich auch gar nicht füreinander. Übrigens eine Geschichte, die ihre Fortsetzung im Kalten Krieg hat. Ich habe ja meine Matura 300 Meter von hier absolviert, 1975 an der Stubenbastei. Wenn überhaupt von Polen die Rede war, dann sprachen meine österreichischen Mitschüler davon, sie würden „runterfahren" nach Krakau. Diese Entfremdung beginnt 1918.

Der letzte Punkt. Der Mythos Galizien hält sich auf polnischer Seite trotz der Scheidung gut. Soll es ja geben nach gelungenen Ehen, dass man sie trotz der Scheidungsumstände bereits mittelfristig in guter Erinnerung behält. Der Vollzug der Scheidung ändert nichts an einem insgesamt positiven Bild der Monarchie, und zwar bis ins 21. Jahrhundert. Wenn in Polen vom „Kaiser" die Rede ist, sind weder Alexander III noch Nikolaus II, weder Wilhelm I noch Wilhelm II gemeint, sondern immer Franz Josef. Er war der einzige Kaiser. Das schlägt sich nach 1989 selbst in der Werbung nieder: Martin Pollacks Bild von Galizien als Land des Elends, Austragungsort gewaltiger sozialer und ethnischer Konflikte kommt nicht vor, ein k. u. k. Arkadien hingegen durchaus.

Schließen will ich dann mit einem Zitat eines hoch interessanten polnischen Historikers. Er stammte aus einem polnisch-jüdisch-ukrainischen Kontext. Die Familiengeschichte ist zu komplex, als dass ich sie hier erklären könnte. Auf jeden Fall war er der prominenteste Kenner der Habsburger Monarchie in Polen nach 1945 und schrieb etwa 1980 (der Text wurde erst in der Zeit der „Solidarność" 1981 veröffentlicht) einen Essay über eine Feier, die 1910 in Krakau stattgefunden hatte. Gefeiert wurde ein älterer polnischer Sozialist. Die jüngeren Linken, darunter Henryk Wereszycki, von dem ich jetzt spreche, wünschten dem Granden die Rückkehr in ein freies Warschau. Wereszycki schrieb 70 Jahre später resigniert: Wenn man 1930 auf dem Krakauer Marktplatz gestanden ist, gab es weniger Freiheit als 1910. Was er nicht schreiben durfte – denn das hätte die Zensur selbst 1981 nicht durchgelassen: Wenn man auf dem Krakauer Marktplatz 1950 gestanden wäre, oder auch 1970, da hätte es diese Freiheit noch sehr viel weniger gegeben.

WŁODZIMIERZ BORODZIEJ

Derzeitige Position

– Professor für Zeitgeschichte an der Universität Warschau

Arbeitsschwerpunkt

– Polnische und europäische Geschichte im 20. Jahrhundert – u. a. der beiden Welt-
kriege, der Volksrepublik Polen und der internationalen Beziehungen im 20. Jahrhundert.

Ausbildung

1991	Habilitation an der Universität Warschau
1984	Promotion zum Dr. phil. an der Universität Warschau
1975–1979	Studium der Germanistik und Geschichte an der Universität Warschau

Werdegang

2017	Dr. h.c. der Friedrich-Schiller Universität Jena
Seit 2016	Korrespondierendes Mitglied der philosophisch-historischen Klasse der ÖAW
Seit 2016	Ordentliches Mitglied der Geisteswissenschaftlichen Klasse der Berlin-Brandenburgischen Akademie der Wissenschaften
2016	Dr. h.c. der Friedrich-Schiller Universität Jena
2010–2016	Co-Direktor des Imre Kertész Kollegs an der FSU Jena. Eastern Europe in the Twentieth Century: Comparative Historical Experience
1999–2002	Prorektor der Universität Warschau
1997–2007	Vorsitzender der Deutsch-Polnischen Schulbuchkommission
Seit 1996	Professor für Zeitgeschichte an der Universität Warschau
1992–1994	Generaldirektor in der Sejmkanzlei der Republik Polen

Weitere Informationen zum Autor finden Sie unter:
http://www.bbaw.de/MitgliederCV/Borodziej.pdf